Un montón de regalos

Escrito por Gail Kimberly

Ilustrado por Malcolm Stokes

Dominie Press, Inc.

Director General: Raymond Yuen
Editor Ejecutivo: Carlos A. Byfield
Diseñador: Greg DiGenti
Ilustrador: Malcolm Stokes

Publicado por:
Dominie Press, Inc.
1949 Kellogg Avenue
Carlsbad, California 92008 EE.UU.
www.dominie.com
1-800-232-4570

Cubierta de cartón ISBN 0-7685-2814-3
Impreso en Singapur por PH Productions Pte Ltd
1 2 3 4 5 6 PH 05 04 03

Contenido

Capítulo 1

Una camada de perritos, una bandada de aves

Muy pronto sería el Día de las Madres, así que Miranda y su hermana Lily, de 13 años, querían ir al centro comercial a comprarle un regalo a mamá.

—Yo voy a comprarle un libro a mamá —dijo Lily—. Conozco uno que le gustaría.

ION
OOKS

¿Quieres ir a la librería conmigo?

—No —dijo Miranda—. Yo quiero comprarle un montón de regalos, no sólo uno.

—¿Cuánto dinero tienes? —preguntó Lily.

Miranda metió la mano en un bolsillo de sus jeans y sacó el dinero que había ahorrado. Tenía un billete de cinco dólares que su hermano Juan le había dado el mes pasado cuando cumplió siete años de edad, y tres monedas de veinticinco centavos que había guardado en su alcancía. Lily le regaló otra moneda de veinticinco centavos.

—Ahora tienes seis dólares —dijo ella.

—Gracias —dijo Miranda—. ¿Será eso suficiente para comprar un montón de regalos?

—No sé —dijo Lily—. ¿Qué tipo de regalos quieres comprar?

—No estoy segura todavía —dijo Miranda—. Quiero mirar. Pasaron por una tienda de mascotas que tenía un rótulo que decía "Perritos".

—Entremos ahí —dijo Miranda.

En la tienda había tres perritos sedosos color café. Miranda se acercó a acariciarlos. Los perritos respondieron con cariño y le tocaron suavemente las manos con sus hocicos fríos y húmedos.

—¿En qué puedo servirte? —preguntó el hombre detrás del mostrador.

—Me gustaría comprar ese grupo de perritos para mi mamá —le dijo Miranda.

Lily se mostró sorprendida. —¿Todos? —preguntó ella.

El vendedor también parecía sorprendido.

—¿Estás segura que quieres toda la *camada* de perritos? —le preguntó a Miranda.

—A mi madre le gustan los perritos —dijo ella—.

Y a mí también. Ella sacó el dinero de su bolsillo y lo extendió sobre el mostrador enfrente del vendedor.

El hombre miró el dinero que Miranda había sacado del bolsillo. —Aquí sólo hay seis dólares —dijo él—. Eso no alcanza para comprar una camada de perritos. No alcanza ni para pagar *un solo* perrito.

Miranda estaba desilusionada. Tendría que buscar otra cosa. Ella y Lily buscaron por toda la tienda y vieron una jaula grande con muchos pajaritos dentro. Miranda sabía que a su mamá le gustaban los pajaritos, y éstos tenían plumas amarillas, verdes y azules muy bonitas. Regresó al mostrador.

—Quiero comprar la camada de pajaritos que está en la jaula —le dijo al hombre.

Él meneó la cabeza. —Esa es una *bandada* de pajaritos —dijo él—. Pero no puedes comprarla con sólo seis dólares. Lo siento, pero con seis dólares no puedes comprar ni *un solo* pajarito.

—No te preocupes —le dijo Lily a Miranda cuando salían de la tienda de mascotas—.

Encontrarás algo aún mejor.

Capítulo 2

Una sarta de perlas, un par de aretes

Al lado de la tienda de mascotas había una tienda grande que exhibía anillos, brazaletes y relojes en el escaparate.

—Creo que a mamá le gustarían las joyas —le dijo Miranda a Lily cuando entraban a la tienda.

—Estoy de acuerdo —dijo Lily. El primer mostrador que vieron era de vidrio y contenía piedritas blancas brillantes, ordenadas sobre cojincitos negros.

—¿Puedo servirles en algo? —preguntó el hombre alto que estaba detrás del mostrador.

—Sí, por favor —le dijo Miranda—. Quiero comprar unos regalos para mi madre.

—¿Qué se te ofrece? —le preguntó el hombre.

—Quiero comprar una bandada de estas piedras bonitas.

—Son perlas —dijo el hombre. Sacó algunas para que las viera—. Esta es una sarta de perlas.

Miranda sacó su dinero del bolsillo y lo puso sobre el mostrador.

—Entonces me gustaría una *sarta* de perlas —dijo ella.

—Lo siento —dijo el hombre alto que estaba detrás del mostrador—. Seis dólares no son suficientes para comprar una sarta de perlas. No son suficientes ni para comprar *una sola* perla.

Miranda se sentía triste. —Encontrarás algo igualmente bonito —le dijo Lily—. Ven a ver lo que hay aquí.

Fueron hasta un mostrador donde había aretes de oro colocados en una bandeja grande.

—¿En qué puedo servirles? —les

preguntó una mujer detrás del mostrador.

—Quiero comprar unos regalos para mi madre —le dijo Miranda—. Me gustaría una sarta de aretes.

La mujer le sonrió. —¿Quieres un *par* de aretes? —le preguntó.

Miranda también le sonrió. Metió la mano al bolsillo, sacó su dinero y lo puso sobre el mostrador.

—Quiero un par de aretes, por favor —dijo ella.

—Lo siento —dijo la mujer—. Aquí sólo tienes seis dólares, y esto no alcanza para comprar ni *un solo* arete de oro.

Miranda metió su dinero al bolsillo, sintiendo ahora mucha tristeza. —Hay muchas cosas bonitas en esta tienda —le dijo la mujer—. Encontrarás un bonito regalo para tu madre.

—¿Por qué no vienes conmigo a la librería y le compras un libro a mamá? —Lily le preguntó a Miranda.

Pero Miranda sabía que no quería comprar sólo un libro para su mamá. Ella recordó lo feliz que estaba cuando recibió muchos regalos de cumpleaños el mes anterior, y quería que su madre también recibiera muchos regalos.

Capítulo 3

Un juego de vajilla

Miranda y Lily fueron a una tienda grande situada en un extremo del centro comercial. Ahí vieron algunos escaparates con relojes y anillos, pero Miranda sabía que no podría comprarlos, y se sentía más triste que nunca.

Entonces vio un mostrador en el que había tazas y platos bonitos. Detrás del mostrador había una mujer de pelo blanco que les sonreía.

—¿Puedo servirles en algo? —preguntó ella. —Sí, por favor —dijo Miranda—. Quiero comprar unos regalos para mi mamá.

—¿Te gusta esta vajilla? —preguntó la mujer.

Miranda recogió un plato. Estaba decorado con flores rosadas y azules bonitas. Estaba segura que a su mamá le gustaría. —Sí —dijo ella—. Me gustaría un par de vajilla.

—¿Quieres decir un *juego* de vajilla? —dijo la mujer.

Miranda puso su dinero sobre el mostrador.

—Sí, por favor —dijo ella.

La mujer miró el dinero y meneó la cabeza tristemente. —Sólo tienes seis dólares, y eso no alcanza para comprar este servicio de vajilla para la cena. Eso no alcanza ni

Libros
Rebajas
Libr

para comprar *una* taza y un platillo.

Miranda estaba muy desilusionada ahora. Cuando salía de la tienda junto a Lily, puso de nuevo su dinero en el bolsillo.

Parecía que no encontraría regalos que pudiera comprar con seis dólares. ¿Qué podría hacer?

Capítulo 4

Un ramillete de flores y un globo

Fuera de la tienda grande, Miranda vio un pequeño puesto en medio del centro comercial. Había floreros en su alrededor. Lily fue a olfatear algunas rosas.

—Huelen maravillosas —dijo ella. Miranda respiró profundamente. Las flores

Peinado
Peinado
Feliz Día de las Madres
FLORES

olían muy bien, y ella sabía que a su mamá le gustaban las flores. Pero sólo tenía seis dólares.

Esa suma no alcanzaba para comprar una camada de perritos o una bandada de pajaritos. Tampoco alcanzaba para comprar una sarta de perlas o un par de aretes o un juego de vajilla. Una mujer vestida de verde colocaba margaritas amarillas y blancas en un pote.

—¿En qué puedo servirles? —les preguntó a las muchachas. Miranda sacó la plata de su bolsillo. —Tengo seis dólares —dijo, mostrándole el dinero a la mujer—. ¿Alcanza para comprar un juego de flores?

La mujer le sonrió. —Eso alcanza para comprar todo un *ramillete* de flores —dijo la mujer.

Sacó un par de tijeras del bolsillo de su delantal y cortó flores rosadas, amarillas, azules y blancas. Entonces las puso en una bolsa y se las dio a Miranda.

—También te queda suficiente dinero para comprar un globo —le dijo, y ató un globo brillante anaranjado y amarillo a una flor azul. Impreso en el globo estaban las palabras *Feliz Día de las Madres*. Miranda estaba feliz por haber podido comprar las flores.

Después fue a la librería con Lily a comprar el libro para mamá.

Y en el Día de las Madres mamá estuvo muy contenta con su montón de regalos.